DISCOURS

Prononcé le 20 Prairial an sept de la République Française, dans le temple décadaire de la commune d'Hazebrouck, à la célébration de la cérémonie funéraire, décrétée en mémoire des Ministres Français égorgés à Rastadt.

Par le citoyen Cornil-François Deschodt, membre du jury d'instruction publique.

Imprimé par ordre des administrations municipales du canton et de la commune d'Hazebrouck.

Vengeance! guerre à mort!.. les monstres! les impies!
Ils ont fait égorger les anges de la paix!....
Qu'ils meurrent déchirés par la main des furies!....
Que leurs horribles noms ne périssent jamais!

Citoyens mes frères, nous célébrons aujourd'hui la fête funéraire en l'honneur de deux illustres victimes massacrées par ordre du tyran de l'Autriche.

Que n'ai-je, pour un moment, toute la force avec laquelle l'orateur romain tonna du haut du capitole contre ce préteur infame qui, gorgé du sang de ses concitoyens, avait, par ses meurtres et ses exactions, rempli toute la Sicile de deuil et de désespoir! que n'ai-je seulement un rayon de ce feu divin qui l'anima à la tribune toutes les fois qu'il fut question de venger un outrage fait à la majesté du peuple romain!.. Ah! mes frères, que vos cœurs seraient émus au récit de l'horrible sujet qui nous rassemble dans cette enceinte! vos cheveux se dresseraient sur vos têtes d'horreur et d'épouvante; vos cœurs se briseraient de rage et de régret, et vos cris de vengeance ébranleraient jusques dans leurs fondements, les murs qui nous entourent, enfin vous seriez tous transformés en autant de héros; il ne serait pas un parmi vous qui ne payât volontiers, et de son sang, et de sa fortune, l'honneur, l'insigne honneur, d'avoir quelque part à la vengeance éclatante que la nation Française va prendre du meurtre de ses Plénipotentiaires, et à la juste punition du monstre qui s'en est rendu coupable.

O manes de Rob[illegible] de Bonnier, inspirez-moi ; re[illegible]es [illegible]glans de ces grands hommes, élancez-vous du fond de vos tombeaux ; paraissez au milieu de cette enceinte ; que la voix éloquente des blessures et du sang dont vous êtes tout couverts, supplée à mes faibles talens ; qu'elle excite dans les cœurs de mes concitoyens tous les sentimens d'horreur et de régret, de rage et de vengeance, dont l'homme, et surtout l'homme libre, puisse être susceptible au récit d'un pareil attentat.

Citoyens, le principal but de cette cérémonie funèbre étant de verser la honte et d'appeller une vengeance complette sur le gouvernement cruel et barbare qui a fait égorger nos Ministres, je passerai sous silence tout ce qui pourrait en quelque sorte m'en éloigner, ou momentanement en detourner votre attention. Quelque éclatantes que soient d'ailleurs les vertus dont est marquée la carrière de ces illustres victimes, leur fin tragique seule doit ici nous occuper ; le simple récit de leur dévouement, et les circonstances de leur mort sont plus que suffisants pour consacrer à jamais leur mémoire, et pour animer tout ce qui porte encore un cœur humain, contre l'exécrable tyran qui s'est rendu à leur égard et à celui de la Nation entière dont ils étaient les Ministres, coupable du plus horrible forfait, et d'un attentat encore inconnu chez les peuples les plus barbares.

Les Ministres, les anges de paix massacrés dans son temple par celui-là même qui les avait invités d'y venir pour travailler, à ce qu'il dit, de concert avec lui à l'extinction de la guerre, à la tranquilité de l'europe, au bonheur du genre humain; eh! quel sujet de pitié et d'horreur! qu'il est digne d'occuper un pinçeau de maître et les talens d'un orateur!

Mes frères, pour vous faire sentir toute la noirceur, toute la scélératesse de cet exécrable attentat, il faut vous rappeller en esquisse le tableau des circonstances qui ont donné lieu à la convocation du congrès de paix, et de celles qui l'ont accompagné.

Vers la fin de l'an cinq, le héros de l'Italie qui maintenant erre de victoire en victoire dans les plaines brulantes de l'Égypte et de la Syrie, était déjà aux portes de Vienne, et ses foudres de guerre grondaient sur le palais du tyran; nos braves brulaient d'impatience d'escalader les murs de la ville; le monstre qui la fait encore gémir sous son sceptre de fer ne pouvait leur échapper; il devait tomber entre leurs mains, et enchainé au char du vainqueur, comme autrefois ce bourreau couronné des numides vaincu par les romains, être mené en triomphe et donné en spectacle au peuple que depuis cinq ans il n'avait cessé d'outrager.

Que fait-il le fourbe? Il feint de vouloir la paix, il la demande même en suppliant. Le français, modéré jusques dans ses plus étonnantes victoires, et généreux même envers ses plus cruels ennemis d'abord qu'ils sont vaincus, bien éloingné de soupçonner quelques fourberies dans les demarches de ce traître, surtout après avoir remporté tant d'illustres victoires sur ses nombreuses cohortes et celles de ses alliés, suspend ses foudres, et la lui accorde avec d'autant plus d'empressement, que l'humanité éplorée et gémissante sur les horreurs d'une guerre si longue et si meurtrière, lui en fit un devoir.

Aussi-tôt l'on convoque un congrès pour traiter de la paix finale, des intérêts de l'humanité, du répos du monde. Nos Ministres partent chargés des bénédictions du peuple qui leur préparait déjà dans son enthousiasme des palmes et des branches d'olyves. Dieu! que nous étions alors éloignés de croire que ces symboles de paix seraient changés en cyprès! que la mort, l'assassinat, le meurtre les attendaient dans le temple même de la paix, et que de tels horreurs devaient être le terme et la récompense de leurs pénibles travaux, de leur dévouement pour la Patrie et pour la cause de l'humanité entière!

Le congrès se rassemble, et dès le premier pas nos Ministres y rencontrent obstacle sur obstacle. Pendant plus d'un an et demi ils sacrifient et leurs veilles et leurs travaux pour arrêter l'effusion du sang humain et donner à l'Europe allarmée la tranquillité et la paix. Mais le néron de Vienne qui n'avait jamais rénoncé à son plan de destruction, et qui n'avait simulé des désirs de paix que pour échapper à une chûte inévitable, en qualité de chef de l'Empire y avait tant d'influence et ménageait si bien ses entraves, que les négociateurs en paraissant se rapprocher du but tant désiré, s'en éloignaient en effet tous les jours de plus en plus ; de sorte qu'après dix-huit mois de négociation, on étaient bien moins avancé que le premier jour. En un mot, pendant que les agens de l'exécrable Autrichien faisaient semblant de négocier avec la France pour la pacification de l'Empire, déjà la guerre était résolue dans son conseil, et tout le tems de la négociation fut en conséquence emploié à former la plus monstrueuse et la plus barbare coalition.

Enfin le fourbe se sentant en force, ne garde plus des mesures ; il jette le masque, il montre un front ménaçant, et les phalanges de la nouvelle coalition marchent contre la france.

Quelques victoires éphéméres semblent donner à cet antropophage un libre cours à sa scélératesse. D'abord il enfreint avec la dernière impudeur les régles sacrées du droit de gens, en faisant annoncer que la présence d'un congrès à Rastadt ne protégerait point cette ville contre les événemens de la guerre. Et l'on y traitait encore de la pacification de l'Empire!.. Ensuite on vient signifier à nos Ministres l'ordre de sortir de la ville dans les vingt-quatre heures. Ayant déjà fait toutes les protestations qu'exigeait la dignité de leur caractère, nos plénipotentiaires donnent enfin ordre pour leur départ, et montent de suite en voiture. Arrivés à la porte de la ville, ils trouvent une défense générale de ne laisser entrer ni sortir qui que ce fût. Une heure se passe en pourparlers. On en avait besoin pour organiser l'exécrable exécution dont tous les détails avaient été commandés et combinés à l'avance. Enfin la consigne est levée, mais seulement pour la légation française. Nos ministres demandent une escorte, elle leur est refusée; et l'infame commandant leur déclare qu'ils n'avaient rien à craindre, qu'ils seraient aussi en sûreté que dans leurs chambres, que même on devait leur présenter les honneurs militaires. Le monstre digne du néron dont il est un des bourreaux, ses troupes étaient déjà en embuscade pour les assassiner!.. Enfin nos Ministres avec leur suite se mettent en marche; c'était neuf heures du soir. Comme si la providence avait ménagé cette heure pour voiler des ombres de la nuit cette abominable exécution, et ne pas épouvanter la nature entière, en la rendant spectatrice d'un crime inconnu jusques chez les peuples les plus barbares, et dont on ne trouve aucun vestige, même dans les pages ensanglantées des annales des caraïbes. Certes, si le soleil eût été témoin de ces horreurs, il en eût réculé d'effroi comme autrefois à la vue de l'horrible festin des *pélopides*.

A peine nos ministres sont ils à cinquante pas de la ville, que les hussards de zecklers embusqués sur le canal de la murg, fondent sur eux comme des loups affamés sur un troupeau. Le ministre JEAN DEBRY est le premier objet de leur rage ; il est arraché de sa voiture, trainé par les cheveux, et treize coups de sabre couvrent tout son corps de sang et de blessures. Les monstres l'abandonnent nageant dans son sang ; ils le croient achevé. Mais la providence veille sur ses jours, elle le couvre de ses ailes, il échappe au trépas par miracle. Oui mes frères, le dieu vengeur du crime nous l'a conservé pour mettre au jour toutes les circonstances affreuses qui ont accompagné cette horrible exécution, et pour signaler à la grande nation dont il était l'organe et le Ministre, le monstre qui en est l'auteur, et sur lequel elle doit faire tomber ses foudres.

Ces antropophages, ces satellites

forcénés d'un monstre encore plus féroce qu'eux, tout couverts du sang de cette première victime, et écumant de rage, tombent à coups rédoublés sur l'infortuné BONNIER, et dans un moment il n'est plus; il est haché par pièces; il n'a pas le tems d'articuler un seul mot, pas même celui de vengeance.

Il ne reste plus que le malheureux ROBERJOT. On vole à sa voiture, on l'égorge dans les bras de son épouse. Rien, rien ne peut arrêter l'horrible cruauté de ces monstres affamés de carnage, ni les sanglots, ni les larmes, ni les cris de cette infortunée, ni même la mort de la victime. On insulte encore à son cadavre, on lui fend la tête, on en ôte la cervelle; comme pour se venger des talens que ce grand homme avait fait paraître dans tout le cours de son auguste mission. On la recueille cette cervelle dans un mouchoir, un hussard la met en poche, et probablement est-elle destinée au monstre couronné qui avait commandé ce massacre. Au moins c'est un présent bien digne de ce nouveau néron.

Citoyens mes frères, après cet horrible récit, que me faut-il encore pour vous faire répandre des larmes sur l'urne ensanglantée de ces illustres victimes? Que me faut-il encore pour allumer dans vos cœurs la soif de la vengeance? Enfin que vous faut-il encore à vous-mêmes pour vous faire contribuer, et par votre sang et par vos fortunes, à la juste punition de ce crime, à l'extermination de la maison d'Autriche?

« Vos Ministres couverts de l'inviola-
« bilité de leur touchant et sacré carac-
« tère, ont été assassinés par les satellites
« de cette abominable cour, au mépris
« du droit de gens, de la foi jurée, dans
« les bras de leurs épouses, au sein des
« ténèbres complices des brigands; ils
« ont été égorgés dans le temple de la
« paix et sur l'autel même de l'huma-
« nité qu'ils proclamaient. Ces anges de
« paix, dignes interprètes d'une Nation
« grande et généreuse, dans tout le cours
« de leur laborieuse mission, disaient
« sans cesse aux Ministres des autres
« puissances, et notamment à ceux de
« Vienne: *arrêtons l'effusion du sang*
« *des hommes; fermons les plaies de*
« *l'Europe épuisée: la République elle*
« *même gémit sur ses victoires; elle en*
« *suspend le cours pour rendre la paix*
« *au monde*. Ils le disaient, et le tyran

« de Vienne leur a répondu dans la « nuit par un coup de poignard ! . . . » (a). Le canibale ! il a bu leur sang ! il a soif de celui de la nation entière ! . . Dieu juste ! prens ta foudre, frappe le monstre, brise son sceptre, fais écrouler son trône, qu'il disparaisse à jamais du nombre des vivans ! . . aux armes, aux armes, citoyens ! vengeance ! guerre, guerre à mort à cet antropophage ! guerre d'extermination à tous les monstres qui entreprendraient encore de se coaliser avec lui !

Tyrans de la terre, fléaux de l'humanité, si le sang des hommes récommence à couler, si l'europe toute entière s'ébranle de nouveau, si vos villes et vos campagnes se remplissent de meurtre et de carnage, tremblez monstres, vous seuls en êtes les auteurs. Ah ! puissent les cris plaintifs de la terre éplorée dont vous êtes les oppresseurs et les bourreaux, porter le trouble et le désespoir dans vos ames ! puissent tous les maux qui vont être soufferts rétomber sur vos têtes et venger l'humanité !

(a) Lettre du Ministre de l'intérieur du deux prairial rélative à la fête funéraire des Plénipotentiaires de la France égorgés à Rastadt.

Oui Citoyens, il nous faut une guerre à mort, une guerre d'extermination avec l'infame Autriche; la gloire et les intérêts de la patrie le commandent, et l'humanité outragée nous en fait un devoir. Eh! où est le lâche qui n'en convienne? où sont les Citoyens qui ne veuillent y contribuer ou de leur sang, ou de leur fortune? s'il en est, qu'ils tremblent, leur sentence est déjà dictée dans le cabinet de Vienne; elle est écrite avec le sang de nos Ministres massacrés par ses ordres. Les monstres! dans leur délire, ils ont voué à la mort tout ce qui porte le nom de français!

Citoyens mes frères, voilà donc ce qu'on nous prépare à nous tous indistinctement, des chaînes rougies de notre sang, le massacre et l'esclavage. Ah! au nom de la Patrie, au nom de ce que nous y avons de plus cher, nos femmes et nos enfans, unissons nous tous autour des enseignes de la liberté; sacrifions, à l'exemple de ces anciens grecs et romains dont l'histoire nous raconte tant de prodiges, tout ce qui n'est pas la patrie à la terrible vengeance à la quelle la gloire Nationale nous appelle; faisons sur-tout taire ces petits et misérables intérêts d'opinion pour ne nous occuper que de la juste punition de cette horrible injure.

S'il me fallait des exemples pour enflammer votre courage et allumer dans vos cœurs la soif de la vengeance, que j'en trouverais des frappans chez ces anciens Républicains! mais ils sont ici superflus les exemples, l'horrible outrage que la Nation vient de recevoir dans la personne de ses Ministres, parle assez haut au cœur d'un Français. Eh! depuis que le monde existe, quel peuple dans l'univers entier en a réçu de plus sanglant, de plus digne de l'exécration de tous les siécles, de plus digne de la vengeance de dieu et des hommes? La nature en est épouvantée; toutes les nations, jusqu'aux plus sauvages de l'Amérique, seront stupefaites à l'horrible récit qui leur en sera fait. Il n'en est pas une qui ne s'intéresse à l'extermination du monstre qui en est l'auteur ; il n'en est pas une qui n'applaudisse d'avance à la juste, à la terrible vengeance que nous en tirerons.

Infame Autrichien, tremble, tu as rempli ton affreuse destinée. Ton sort est jetté; tu ne peux échapper au courroux du ciel, à la vengeance des hommes, aux torches des furies. Tu t'es mis toi-même hors de la loi des nations; tu t'es voué toi-même à l'exécration des siécles, et tu as signé l'arrêt de ta mort.

Et vous, manes plaintifs de nos illustres martyrs, appaisez vous. La FRANCE est debout à vos cris de vengeance; ses jeunes enfans se couvrent de leurs armes, ils courent partager les périls et les travaux de leurs anciens; la République a compté sur leur courage.. Oui, ils affronteront mille dangers pour venger et votre mort, et l'honneur de la Patrie. Ombres révérées, élancez-vous du sein de la mort; revêtez-vous des lambeaux sanglans de votre dépouille mortelle; mettez-vous à la tête de ces jeunes guerriers; conduisez-les à la victoire. Que vos blessures, que le sang qui en sort à gros bouillons, leur rappelle sans cesse l'horrible attentat du monstre qui vous a fait égorger, qu'il les anime dans tous leurs combats; que vos cris de vengeance les accompagnent jusques dans le palais de Vienne; enfin ne le quittez pas avant que l'on ne mette à l'ordre de l'armée,

LE MONSTRE N'EST PLUS.

Et nous mes frères, jettons des fleurs sur la tombe de ces illustres martyrs, célébrons leur mémoire, et transmettons leurs noms à la postérité la plus réculée. Levons nos mains vers le ciel, invoquons le Tout-puissant pour le succès de nos armes ; contribuons de tout notre pouvoir et de tous nos moyens au soutien de nos braves armées, à l'accomplissement de la terrible vengeance. qu'elles doivent exercer sur les barbares Autrichiens. Enfin jurons avec tous les Français sur les cadavres sanglans de nos Ministres, comme autrefois sur celui de Lucréce, un poignard à la main, le jura Brutus à l'égard des Tarquins, jurons, dis-je, de ne poser les armes, de ne cesser nos cris de vengeance qu'après avoir exterminé, jusques dans sa racine, la race impie et homicide du tyran de l'Autriche.

A Hazebrouck, chez Debaecker Itzweire.

www.ingramcontent.com/pod-product-compliance
Ingram Content Group UK Ltd.
Pitfield, Milton Keynes, MK11 3LW, UK
UKHW020501220726
13923UKWH00006B/2680

9 782019 301897